BEI GRIN MACHT SICH IHR WISSEN BEZAHLT

- Wir veröffentlichen Ihre Hausarbeit, Bachelor- und Masterarbeit

- Ihr eigenes eBook und Buch - weltweit in allen wichtigen Shops

- Verdienen Sie an jedem Verkauf

Jetzt bei www.GRIN.com hochladen und kostenlos publizieren

Bibliografische Information der Deutschen Nationalbibliothek:

Die Deutsche Bibliothek verzeichnet diese Publikation in der Deutschen Nationalbibliografie; detaillierte bibliografische Daten sind im Internet über http://dnb.d-nb.de/ abrufbar.

Dieses Werk sowie alle darin enthaltenen einzelnen Beiträge und Abbildungen sind urheberrechtlich geschützt. Jede Verwertung, die nicht ausdrücklich vom Urheberrechtsschutz zugelassen ist, bedarf der vorherigen Zustimmung des Verlages. Das gilt insbesondere für Vervielfältigungen, Bearbeitungen, Übersetzungen, Mikroverfilmungen, Auswertungen durch Datenbanken und für die Einspeicherung und Verarbeitung in elektronische Systeme. Alle Rechte, auch die des auszugsweisen Nachdrucks, der fotomechanischen Wiedergabe (einschließlich Mikrokopie) sowie der Auswertung durch Datenbanken oder ähnliche Einrichtungen, vorbehalten.

Impressum:

Copyright © 2019 GRIN Verlag
Druck und Bindung: Books on Demand GmbH, Norderstedt Germany
ISBN: 9783668949416

Dieses Buch bei GRIN:

https://www.grin.com/document/468868

Jan Seehorst

Betriebliche Gesundheitsförderung und ihr ökonomischer Nutzen

Ein Überblick zu bestehender Literatur

GRIN Verlag

GRIN - Your knowledge has value

Der GRIN Verlag publiziert seit 1998 wissenschaftliche Arbeiten von Studenten, Hochschullehrern und anderen Akademikern als eBook und gedrucktes Buch. Die Verlagswebsite www.grin.com ist die ideale Plattform zur Veröffentlichung von Hausarbeiten, Abschlussarbeiten, wissenschaftlichen Aufsätzen, Dissertationen und Fachbüchern.

Besuchen Sie uns im Internet:

http://www.grin.com/

http://www.facebook.com/grincom

http://www.twitter.com/grin_com

Jan Seehorst

Der ökonomische Nutzen betrieblicher Gesundheitsförderung
Ein Review

Das Unternehmertum ist ein primär wirtschaftlich orientiertes Konstrukt, welches den Regeln des jeweiligen Marktes unterliegt. In Deutschland agieren Unternehmen unter den Anforderungen und Bestimmungen einer sozialen Marktwirtschaft (vgl. Thielen 2012, S. 7). Die jeweiligen Entrepreneure haben meist als oberstes Ziel den wirtschaftlichen Erfolg ihres Unternehmens. Dieser Unternehmenserfolg wurde in der Vergangenheit auf Faktoren wie die strategische Ausrichtung oder die Innovationsfähigkeit des Unternehmens zurückgeführt (vgl. Sackmann 2006, S. 7), wobei hierbei dem Gesundheitszustand der Beschäftigten eine verhältnismäßig geringe Relevanz zugeschrieben wurde. Die generelle Thematisierung des Gesundheitszustands der Arbeitnehmer hat heutzutage deutlich zugenommen, da der betriebliche Gesundheitsaspekt immer mehr an Bedeutung gewinnt. Das diese Thematisierung nicht nur auf gesellschaftlicher und politischer Ebene Sinn macht, sondern ebenso wirtschaftliche Vorteile für Unternehmen mit sich bringen kann, soll in diesem Artikel erläutert werden. Dafür wird sich konkret mit dem wirtschaftlichen Nutzen von betrieblicher Gesundheitsförderung (abgekürzt: BGF) auseinandergesetzt.

Generell handelt es sich bei Gesundheitsförderung im Setting Betrieb um einen Entwicklungsprozess auf organisatorischer Ebene, durch dessen Verlauf die Arbeits- und Lebensbedingungen aller Beteiligten positiv verändert werden sollen, indem diese aktiv die eigene Gesundheit fördern (vgl. Kuhn 1996, S. 47). Grundlegend lässt sich dazu sagen, dass die Bereiche *Arbeit* und *Gesundheit* eng miteinander verbunden sind und in ständiger Wechselwirkung zueinander stehen. Beispielsweise stehen physische und psychosoziale Beanspruchungen des Arbeitsalltags in enger Relation zum Auftritt von Krankheiten, Beschwerden und Arbeitsunfällen, wobei sich dies wiederum in krankheitsbedingten Frührenten, Erklärungen zur Arbeitsunfähigkeit und einem erhöhten Mortalitätsrisiko widerspiegelt (vgl. Lampert, Kroll, Müters & Schumann 2017, S. 27). Anderseits beeinflusst die Gesundheit ebenso die Arbeitsleistung. Hierbei steht die Gesundheit des Individuums in Relation zu dessen Produktivität. Beispielsweise können durch die Abwesenheit von Gesundheit krankheitsbedingte

Fehlzeiten entstehen, welche sich negativ in der Gesamtproduktivität des Arbeitnehmers widerspiegeln. Anzumerken ist hierbei, dass die Faktoren *Arbeit* und *Gesundheit* auch einen positiven Effekt aufeinander haben können. Im Weiteren wird zunächst die historische Entwicklung der Thematik betrachtet, um die derzeitige Diskussionsattraktivität im politischen Raum nachvollziehen zu können. Daran anknüpfend wird der Betrieb als Setting für Gesundheitsförderung weiter beleuchtet. Infolgedessen werden weitere Faktoren und Argumente für die thematische Aktualität betrachtet. Anschließend wird der aktuelle Forschungsstand näher beleuchtet, da dieser die fachliche Grundlage für die Thematik bildet. Anschließend erfolgt die Darstellung der zentralen Indikatoren zur Bestimmung des ökonomischen Nutzens von betrieblicher Gesundheitsförderung sowie der Auswertungsverfahren. Die Indikatoren dienen als Bewertungskriterium für die spätere Beurteilung des Kosten-Nutzen-Verhältnisses. Hierbei werden vereinzelt Fachtermini aus dem Wirtschaftssektor verwendet, welche jedoch an ausgewählter Stelle erläutert werden. Anschließend werden konkrete Studienergebnisse angeführt. Die daraus resultierenden Erkenntnisse dienen der abschließenden Beurteilung von betrieblicher Gesundheitsförderung unter ökonomischen Gesichtspunkten.

Historische Ausgangslage

In Deutschland wurde der Grundbaustein für BGF im Jahr 1974 gelegt. In diesem Jahr wurde von den Bundesministerien für *Arbeit und Sozialordnung* sowie *Forschung und Technologie* das Programm *Forschung zur Humanisierung des Arbeitslebens* (später *Arbeit und Technik*) begonnen. Dieses hatte als Ziel, die Arbeitsbedingungen stärker an die Bedürfnisse der Menschen anzupassen (vgl. Kuhn 1996, S. 47). Der Grundgedanke dieses Vorhabens hat sich etappenweise bis zur heutigen betrieblichen Gesundheitsförderung weiterentwickelt. Demnach stehen die Begriffe Gesundheit und Arbeit bereits seit ca. 40 Jahren in einem sich stetig wachsenden Geflecht zueinander. Hierbei ist der Betrieb als Handlungsraum von zentraler Bedeutung.

Setting Betrieb

Das gesellschaftliche und politische Interesse an betrieblicher Gesundheitsförderung lässt sich zum einen auf die Potenziale von Betrieben für Gesundheitsförderungsmaßnahmen und Programme zurückführen. Diesbezüglich ist das Setting Betrieb für gesundheitliche Fördermaßnahmen äußerst attraktiv (vgl. Kreis & Bödecker 2003, S. 12).

Diese Attraktivität lässt sich auf einige Eigenschaften reduzieren. Zunächst können betriebliche Maßnahmen zur Gesundheitsförderung zu verhältnismäßig geringen Kosten eine breite Personenanzahl ansprechen. Dabei bieten sie ebenso Anknüpfungspunkte für Personen, die sich selbständig keine professionelle Hilfe suchen würden. Zudem profitiert BGF von den vorhandenen geographischen und kommunikativen Gegebenheiten (vgl. Naidoo und Wills 2003, S. 263). Dies meint, dass BGF sowohl die vorhandene Konzentration von Personal auf dem Betriebsgelände als auch die im Betrieb bestehenden Kommunikationskanäle nutzen kann, um zielgerichtet potenzielle Teilnehmer anzusprechen. Des Weiteren kann das betriebliche Umfeld genutzt werden, um die Effektivität von Maßnahmen und Programmen zu verstärken (vgl. ebd.). Dazu zählen beispielsweise die soziale Unterstützung durch Kollegen oder eine Bestärkung des gesundheitsförderlichen Verhaltens durch die Veränderung der Umweltbedingungen. Dies könnte beispielsweise durch gesünderes Kantinenessen oder die Einführung von rauchfreien Zonen realisiert werden.

Die konkreten Programme oder Maßnahmen von BGF sind äußerst individuell und unterscheiden sich untereinander. Dies liegt u.a. daran, dass sie verschiedene Zielsetzungen verfolgen und dementsprechend auch unterschiedliche Inhaltsbereiche abdecken. Die nachgestellten Abbildungen zeigen die Oberkategorien von Gesundheitsförderungsmaßnahmen nach Slesina (2001) und sollen die Diversität von betrieblicher Gesundheitsförderung verdeutlichen:

Kategorien	Verhaltensorientierte Maßnahmen
Umgang mit „Drogen"	Alkohol, Rauchen, Tabletten, Ernährung und illegale Drogen
Aufklärungs- und Informationsaktionen	Antiraucher-Kampagnen und Gesundheitsinformationen
Herz- und Kreislauf-Aktionen	Untersuchungen/Tests zu: Blutdruck, Cholesterinspiegel, Übergewicht, Bewegungsmangel
Weiterbildung mit Gesundheitsförderungsinhalten	Erweiterung von Fach- und Führungskursen um Inhalte der Gesundheitsförderung
Soziale Kompetenz	Führungsschulung, Konfliktseminare, Persönlichkeitsbildung
Umgang mit Stress	Kurse zur Entspannung, autogenem Training, Zeitmanagement
Bewegungsangebote	Check-ups, Einführung von Kurzpausen, Anleitung zum Stretching, Pausenturnen, Rückenschule
Freizeitangebote	Stammtisch, Sportgruppe, Theatergruppe, Betriebsausflüge, externe Kursangebote

Abbildung 1: Maßnahmen 1 (Slesina 2001, S. 18).

Kategorien	Verhältnisorientierte Maßnahmen
Organisationsgestaltung	Gesundheitszirkel, Gesundheitskommissionen, bauliche Maßnahmen zur Gesundheitsförderung
Ernährungsangebote	Angebote in Kantinen und Verpflegungsautomaten
Arbeitsergonomie	Einstellen von Stühlen und Schreibtischen, die Anordnung der Bildschirme usw.
Arbeitszeitgestaltung	Gleitende Arbeitszeit, Breitbandmodelle und Schichtplanung
Laufbahnberatung	Informationen über die beruflichen Möglichkeiten im Betrieb
Lohngestaltung	Beteiligung an den Gesundheitskosten über den Lohn der Mitarbeitenden
Formen der Zusammenarbeit	Selbstkontrolle und Entscheidungsspielraum in der Arbeit
Arbeitsgestaltung	Jobenrichment, Joblargement, Jobrotation und aufgabenorientierte Maßnahmen

Abbildung 2: Maßnahmen 2 (Slesina 2001, S. 19).

Die Vorteile des Betriebs hinsichtlich gesundheitsfördernder Maßnahmen erklären für sich alleinstehend jedoch noch nicht, wieso BGF momentan ein populäres Thema im politischen, gesellschaftlichen und wissenschaftlichen Diskussionsraum ist.

Aktualität

Zunächst lässt sich ausmachen, dass BGF grundlegend gesetzlich vorgeschrieben ist. Auf sozialrechtlicher Ebene wird der Begriff der betrieblichen Gesundheitsförderung in Deutschland in § 20a Abs. 1 Satz 1 SGB V definiert. (vgl. Wiercimok 2016, S. 193). Dabei besteht die Erfüllung der gesetzlichen Anforderungen als Ergänzung zum Arbeitsschutz. Diese Verankerung im Gesetz erklärt jedoch lediglich die rechtliche Legitimation von betrieblicher Gesundheitsförderung.

Ein weiterer Grund für die Aktualität des Themas in Deutschland ist der demographische Wandel und dessen Folgen für den Arbeitsmarkt. In Verbindung mit dem voraussichtlich sinkenden Angebot an Fachkräften und Erwerbspersonen kommt es dazu, dass der Personalbedarf der Unternehmen mit immer mehr älteren Arbeitnehmern gedeckt werden muss (vgl. Brinkmann & Liese 2016, S. 104). Zuzüglich dessen gibt es noch einen weiteren Belastungsfaktor für die Unternehmen, denn die Arbeitsunfähigkeit aufgrund von Krankheit nimmt seit Jahren stabil zu (vgl. ebd., S. 105). Der demographische Wandel und dessen Folgeerscheinungen lassen sich unter strukturellen Aspekten zusammenfassen. Insgesamt führt dies zur deutlichen Zunahme der Personalkosten für Unternehmen. Diesbezüglich ist es zwingend notwendig, dass sich die Unternehmen mit der Thematik und den Folgeerscheinungen auseinandersetzen. Aus wirtschaftlicher Sicht muss hierbei abgewogen werden, inwiefern Kosteneinsparungen den Ausgaben von BGF-Programmen gegenüberstehen. Das Ganze lässt sich unter wirtschaftliche Aspekte zusammenfassen.

Aktueller Forschungsstand

Der Forschungsstand im Bereich betrieblicher Gesundheitsförderung ist hinsichtlich seiner Evaluation quantitativ breit aufgestellt. Sowohl im internationalen als auch im nationalen Raum liegen eine Vielzahl von Studien vor. Bereits zwischen 1996 und 1998 wurden im US-amerikanischen Raum mehr als 300 Studien zur grundlegenden Thematik gesichtet (vgl. Kreis & Bödecker 2003, S. 13). Bis heute hat die Anzahl der Studien und Artikel deutlich zugenommen. Beispielsweise bezieht sich der iga.Report 28 bereits auf über 2400 Studien. Die Aktualität der Thematik spiegelt sich demnach auch in der Dichte an Publikationen wieder. In Deutschland werden jährlich Kennzahlen und Analysen veröffentlicht. Zu diesen gehören im deutschsprachigen Raum der Fehlzeiten-Report, welcher sich seit 1999 jährlich ein aktuelles Schwerpunktthema aus dem Bereich des betrieblichen Gesundheitsmanagements annimmt oder der seit 2003 mehrfach neu veröffentlichte iga.Report. Zum iga.Report ist zu sagen, dass dieser sich generell mit Themen aus der Arbeitswelt befasst, wobei die Thematisierung bezüglich der BGF vermehrt behandelt wurde.

Trotz der internationalen Öffnung des Themas stammt ein großer Anteil der Untersuchungen aus dem US-amerikanischen Raum. Zur wirtschaftlichen Analyse von BGF muss zudem grundsätzlich festgehalten werden, dass diese zwar in vielen Studien als sinnvoll erachtet wird, jedoch ebenso oft scharf kritisiert wird. Dabei werden vor allem die potenziellen Probleme einer ökonomischen Analyse als Kritikpunkte angeführt. Dennoch gibt es Möglichkeiten, betriebliche Gesundheitsförderungsmaßnahmen zu quantifizieren und einer genaueren Analyse zu unterziehen. Im Folgenden werden sowohl die konkreten Problemstellungen als auch das durchgeführte Auswertungsverfahren dargestellt.

Messindikatoren und Auswertungsvorgehen von Studien

Grundlegend muss bedacht werden, dass betriebliche Gesundheitsförderung immer mit Kosten verbunden ist, welche alleinstehend gegen einen ökonomischen Nutzen sprechen würden. Deshalb muss bei einer diversifizierten Betrachtung der Thematik immer der wirtschaftliche und finanzielle Nutzen den jeweiligen Kosten gegenüber gestellt werden. Da es sich bei der betrieblichen Gesundheitsförderung im ökonomischen Rahmen um ein Investment handelt, muss der sogenannte *Return of Investment (RoI)* als Beurteilungskriterium für den wirtschaftlichen Erfolg oder auch Misserfolg herangezogen werden (vgl. Gloede 2011, S. 237). Dieser stellt die finanziellen Einnahmen und Kosteneinsparungen eines Investments den Kosten desselben gegenüber.

Die unter dem RoI zusammengefassten Faktoren können sich je nach Aktivität unterscheiden. Eine Vielzahl der Studien zu den finanziellen Auswirkungen betrieblicher Gesundheitsförderung beziehen sich auf die Kostenminderung. Hierbei wird meistens zwischen den Kosten von krankheitsbedingten Fehlzeiten (Absentismus) und den Krankheitskosten unterschieden (vgl. Kreis & Bödeker 2003, S. 31). Zudem umfasst BGF eine unüberschaubare Anzahl an Programmen und Umsetzungsmöglichkeiten, welche jeweils an unterschiedlichen Bewertungsfaktoren ansetzen. Beispielsweise richten sich einige Programme nur an die Prävention von Krankheiten, während andere sich der Beseitigung von negativen Verhaltensausrichtungen zuwenden (siehe Abb.1 & 2).

Deshalb müssen Studien für eine umfassende Beurteilung der Wirtschaftlichkeit von betrieblicher Gesundheitsförderung in Querschnittbetrachtungen zusammenfassend ausgewertet werden. Ansonsten könnten keine allgemeingültigen Aussagen zum Gesamtkonstrukt getroffen werden, sondern lediglich Beurteilungen einzelner Umsetzungsstrategien und Programme erfolgen. Deshalb sollte bei der umfassenden Beurteilung mit Oberkategorien gearbeitet werden, anhand welcher die Ergebnisse geordnet ausgewertet werden können.

In der Praxis wird eine solche Querschnittbetrachtung von Studien hinsichtlich eines Faktors beispielsweise durch Metaanalysen durchgeführt und ausgewertet. In diesen werden die Ergebnisse von inhaltlich zusammenhängenden Studien miteinander abgeglichen und bewertet.

Allgemein wird unter dem Begriff *Wirtschaftlichkeit* im engeren Sinne das Verhältnis von Ertrag und finanziellen Aufwand innerhalb eines festgelegten Zeitraums verstanden. Um daraus die Wirtschaftlichkeit einer bestimmten Aktivität innerhalb des festgelegten Zeitraums beurteilen zu können, wird von Gloede (2011) folgende Gleichung angeführt:

$$\frac{Ertrag}{Aufwand} \geq 1 \iff Ertrag - Aufwand \geq 0 \iff Gewinn \geq 0$$

Abbildung 3: Ertrag-Aufwand-Verhältnis (Gloede 2011, S. 235).

Aus der Gleichung geht das Ertrag-Aufwand-Verhältnis hervor, welches letztlich den Faktor Gewinn bzw. bei einem negativen Ergebnis den Faktor Verlust abbildet. Sprich liegt der Ertrag nach Abzug des Aufwands im positiven Bereich bzw. über 0, so resultiert die Aktivität in einem Gewinn. Würde aus der Rechnung ein Wert unter 0 hervorgehen, würde dies einen finanziellen Verlust bedeuten.

Im Weiteren werden anstatt der Begriffe *Ertrag* und *Aufwand* die Bezeichnungen *Erlös* und *Kosten* verwendet, da sich erstere Begriffe lediglich auf einen Wertzuwachs bzw. Minderung primär wirtschaftlicher Aktivitäten beziehen (vgl. Gloede 2011, S. 237). Da es sich bei BGF-Aktivitäten momentan noch nicht um primär wirtschaftliche Investitionen handelt, sind die Begriffe Erlös und Kosten besser geeignet. Dies liegt daran, dass BGF in erster Linie nicht auf einen finanziellen Gewinn abzielt, sondern sich vielmehr an die allgemeine Verbesserung der Gesundheit der Belegschaft richtet. Wirtschaftliche Vorteile in Form von beispielsweise Kosteneinsparungen durch die Reduzierung krankheitsbedingter Fehlzeiten wären ein daraus resultierendes Produkt.

Trotz der festgelegten Messindikatoren kommt es bei der Evaluation und Ergebniserhebung vermehrt zu Problemen. Zunächst ist es äußerst schwierig den finanziellen Nutzen direkt auf die durchgeführten Maßnahmen zurückzuführen, da die Kostenaufwendung zeitlich versetzt zu den Folgeerscheinungen verläuft. Dementsprechend ist es äußerst schwierig, einen geeigneten Erhebungszeitpunkt für eine Studie festzulegen (vgl. Helmenstein, Hofmarcher, Kleissner, Riedel, Röhrling & Schnabl 2004, S.

11).
Des Weiteren ist es ebenso problematisch die Qualität des potenziellen Nutzens bzw. des Erlöses zu bestimmen. Dies liegt in erster Linie daran, dass der Nutzen verstärkt auf der Verhinderung von Ereignissen basiert, welche wiederum differenziert bewertet werden müssen (vgl. ebd.). Mit der Verhinderung von Ereignissen ist hierbei gemeint, dass beispielsweise krankheitsbedingte Fehlzeiten ausbleiben. Da diese Ereignisse ohne vergleichbare Daten nicht alleinstehend bewertet werden können, muss zudem vor der Durchführung der BGF-Maßnahmen eine Datenerhebung hinsichtlich der zu untersuchenden Indikatoren durchgeführt werden.
Zuletzt liegt die Schwierigkeit einer ökonomischen Analyse auch in der Zuordnung der Effekte auf die jeweiligen Maßnahmen. Dabei ist Wechselbeziehung zwischen Maßnahmen und Auswirkungen äußerst komplex. Dies erschwert eine konkrete Berechnung der Rentabilität (vgl. ebd., S.12). Dies führt dazu, dass in vielen Studien mit Schätzungen und Trends gearbeitet wird.
Zuletzt muss bei der Auswertung von Forschungsergebnissen immer der Faktor der Evidenz beachtet werden. Evidenz bedeutet, dass für die Wirksamkeit einer Intervention (in diesem Fall einer Maßnahme zur betrieblichen Gesundheitsförderung) hinreichende wissenschaftliche Nachweise erbracht wurden. Es ist anzumerken, dass ein einheitliches Konzept der Evidenzbasierung hinsichtlich der Gesundheitsförderung bislang nicht existiert. Tendenziell wird sich an der Evidenzbasierten Medizin (EbM) als Grundkonzept orientiert (vgl. Pieper & Schröer 2015, S. 12).

Auswertung

Die abschließende Bewertung des ökonomischen Nutzens von betrieblicher Gesundheitsförderung bezieht sich in erster Linie auf die Ergebnisse des iga.Reports 28, welcher vor allem an die Ergebnisse des iga.Reports 3 anknüpft. Die starke Fokussierung auf den iga.Report liegt daran, dass die Betrachtung von Einzelstudien wenig Sinn ergibt (siehe Messindikatoren und Messvorgehen bei Studien). Diesbezüglich wurde sich für die, im deutschen Raum weitreichendste, Querschnittsbetrachtung entschieden.
Aus dem iga.Report 28 zum ökonomischen Nutzen betrieblicher Gesundheitsförderung unter dem Gesichtspunkt der Prävention geht hervor, dass eine Vielzahl der ausgewählten Studien die Indikatoren wie ROI und Kosten von krankheitsbedingten

Absentismus berücksichtigen, jedoch nicht die Ergebnisse einheitlich interpretieren. Diesbezüglich können hinsichtlich des RoI keine allgemeingültigen Schlüsse gezogen werden, wobei sich tendenziell die Meinung eines positiven RoI durchgesetzt hat (vgl. Pieper & Schröer 2015, S. 66). Dies meint lediglich, dass keine allgemeingültigen Aussagen über die Kennzahlen des RoI zusammengefasst werden können. Die liegt u.a. an den bereits erläuterten Problemen hinsichtlich der Verallgemeinerung von BGF-Maßnahmen. Da die Maßnahmen und Programme sehr individuell gestaltet werden, sind ebenso deren Aufwandskosten sowie Folgeerscheinungen ebenso individuell. Diesbezüglich muss mit Tendenzen, Metaanalysen und Durchschnittswerten argumentiert werden.

Die im iga.Report 28 herangezogenen Reviews und Studien verweisen auf eine Senkung krankheitsbedingter Fehlzeiten bei einem Verhältnis 1:2,73 (vgl. Pieper & Schröer 201, S. 69). Dies entspricht einer Senkung um 37%. Demnach kann BGF die Kosten von krankheitsbedingter Fehlzeiten reduzieren. Außerdem liegen Erlöse bzw. Einsparungen von medizinischen Kosten bei einem Verhältnis von 1:3,27. Dies muss jedoch differenziert betrachtet werden, da diese Erlöse nicht im vollem Umfang in den RoI eingerechnet werden können. Dies liegt u.a. daran, dass Unternehmer nur bedingt an den medizinischen Kosten ihrer Arbeitnehmer beteiligt sind. Hierbei würde ein großer Erlösanteil des RoI bei den Krankenkassen vermerkt werden.

Fazit

Das Ziel dieser Arbeit war es, einen grundlegenden Überblick zur ausgewählten Thematik zu liefern und die Ergebnisse aus der Forschung abzuwägen. Zunächst lässt sich sagen, dass die Thematik grundlegend erläutert wurde. Bei der abschließenden Beurteilung wurden die gegenwärtigen Problematiken einer ökonomischen Analyse hinsichtlich betrieblicher Gesundheitsförderung deutlich. Dennoch konnte ein positiver Trend bestimmt werden, welcher den wirtschaftlichen Nutzen von BGF verzeichnet.

Um ein aussagekräftiges Gesamtfazit ausstellen zu können, ist eine einheitliche Forschungslage notwendig. Dafür sind weitere Studien erforderlich. Zudem muss die Evidenzfrage geklärt werden. Möglicherweise sollte ein einheitliches Erhebungsverfahren für Studiendurchführungen festgeschrieben werden, da in der Vielzahl an Studien unterschiedliche Messverfahren verwendet wurden, um dieselben Variablen zu erheben. Darunter leidet die allgemeine Vergleichbarkeit. Mit gewinnbringenden und verallgemeinerbaren Erkenntnissen zum ökonomischen Nutzen könnte betriebliche Gesundheitsförderung noch mehr Anklang in Unternehmen finden.

Zusammenfassung

In dem vorliegenden Beitrag wird die bestehende Literatur zum Thema *ökonomischer Nutzen betrieblicher Gesundheitsförderung* zusammengefasst. Die daraus gewonnen Erkenntnisse werden mit den Ergebnissen aus der Forschung verbunden und in einer abschließenden Beurteilung dargelegt.

Die Literaturübersicht zeigt, dass es sich bei betrieblicher Gesundheitsförderung um ein äußerst aktuelles Thema handelt, welches sowohl wissenschaftlich als auch gesellschaftlich immer populärer wird. Zur genauen Beurteilung wird mit Indikatoren und Messgrößen aus der Wirtschaft gearbeitet. Dabei beziehen sich die Ergebnisse verstärkt auf den Einfluss hinsichtlich des *Return on Investments (RoI)*. Mit Hilfe der Instrumente wurden ausgewählte Querschnittsanalysen betrachtet. Aus den daraus gewonnen Erkenntnissen konnte eine abschließende Beurteilung erfolgen.

Es konnte, unter Berücksichtigung der Problematiken von ökonomischen Analysen hinsichtlich betrieblicher Gesundheitsförderungsmaßnahmen, ein positiver Trend verzeichnet werden. Dieser beruht auf den Erkenntnissen, dass betriebliche Gesundheitsförderung die krankheitsbedingten Fehlzeiten signifikant reduzieren kann, wodurch es zur Kostenminderung bzw. zum Erlös bestehender Kosten kommt. Dennoch ist zu sagen, dass keine einheitlichen Ergebnisse zur qualitativen Produktivitätssteigerung vorliegen. Diesbezüglich besteht zum aktuellen Zeitpunkt ein großer Bedarf an quantitativen Querschnittsstudien, welche die gleichen Indikatoren und Messverfahren verwenden. Sollte die Problematik der fehlenden Vergleichbarkeit von Studien beseitigt werden, könnten gewinnbringende Erkenntnissen gewonnen werden. Diese könnten dazu beitragen, dass betriebliche Gesundheitsförderung noch mehr Anklang in Unternehmen findet.

Abstract

This article summarizes existing literature on the economic benefits of workplace health promotion. The findings are combined with the results of the research and presented in a final assessment.

The literature review shows that occupational health promotion is a very topical issue, which becomes increasingly popular both scientifically and socially. In order to ensure a precise assessment, indicators and measured quantities of the economy is being used. The results mainly relate on the impact of "return on investment" (RoI). With the help of research instruments, selected cross-sectional analyzes were examined. Through gained knowledge, a final assessment was made.

Taking into account the problems of economic analyzes regarding company health promotion measures, a positive trend was noted. This is based on the findings that occupational health promotion can significantly reduce sickness-related absenteeism which leads to cost reductions or the proceeds of existing costs. Nevertheless, there are no consistent results for a qualitative increase in productivity. In this regard, there is currently a great need for quantitative cross-sectional studies using the same indicators and measurement techniques. If the problem of the lack of comparability of studies is eliminated, profitable insights could be gained. This could lead to workplace health promotion becoming even more popular in companies.

Literaturverzeichnis

Brinkmann, C. & Liese, K. (2016). Vorteil für alle. Betriebliche Gesundheitsförderung zahlt sich aus. In Rössler, W.; Keller, H. & Moock, J. (Hrsg.), Betriebliches Gesundheitsmanagement. Herausforderung und Chance (2. Auflage, S. 104-110). Stuttgart: W. Kohlhammer Verlag.

Gloede, D. (2011). Betriebswirtschaftliche Evaluationsmethoden. In Bamberg, E. (Hrsg.), Gesundheitsförderung und Gesundheitsmanagement in der Arbeitswelt. Ein Handbuch (S. 235-258). Göttingen: Hogrefe (Innovatives Management).

Helmenstein, C.; Hofmarcher, M.; Kleissner, A.; Riedel, M.; Röhrling, G. & Schnabl, A. (2004). Ökonomischer Nutzen betrieblicher Gesundheitsförderung. Endbericht. Studie im Auftrag des Bundeskanzleramts, Sektion Sport. Wien: Institut für Höhere Studien.

Kuhn, K. (1996). Betriebliche Gesundheitsförderung in einer europäischen Perspektive. In Europäische Gesundheitsstiftung (Hrsg.), Gesunde Betriebe durch gesunde Mitarbeiter. Humanitäre Verpflichtung und ökonomische Notwendigkeit (S. 45-53). Gamburg: Verl. für Gesundheitsförderung Conrad.

Lampert, T.; Kroll, L.E.; Müters, S. & Schumann, M. (2017). Soziale Ungleichheit, Arbeit und Gesundheit. In Badura, B.; Ducki, A.; Schröder, H.; Klose, J. & Meyer, M. (Hrsg.), Fehlzeiten-Report 2017. Krise und Gesundheit - Ursachen, Prävention, Bewältigung (S. 23-36). Berlin, Heidelberg: Springer Berlin Heidelberg.

Naidoo, J. & Wills, J. (2003). Lehrbuch der Gesundheitsförderung. Umfassend und anschaulich mit vielen Beispielen und Projekten aus der Praxis der Gesundheitsförderung. Köln: BZgA Bundeszentrale für Gesundheitliche Aufklärung.

Thielen, G. (2012). Zukunftsmodell Soziale Marktwirtschaft. Herausforderungen und Perspektiven im 21. Jahrhundert. Guetersloh: Verlag Bertelsmann Stiftung.

Wiercimok, P. (2016). Primäre Prävention und Gesundheitsförderung. In Hänlein, A.; Schuler, R. & Boetticher, A. (Hrsg.), Sozialgesetzbuch V. Gesetzliche

Krankenversicherung. Lehr- und Praxiskommentar (5. Auflage, S. 193-203). Baden-Baden: Nomos.

Slesina, W. (2001). Formen betrieblicher Gesundheitsförderung: Bedarf an Evaluation und Qualitätssicherung. In Pfaff, H. & Slesina, W. (Hrsg.), Effektive betriebliche Gesundheitsförderung. Konzepte und methodische Ansätze zur Evaluation und Qualitätssicherung (S. 17-26). Weinheim: Juventa-Verl. (Gesundheitsforschung).

Internetquellen
Kreis, J. & Bödeker, W. (2003). Gesundheitlicher und ökonomischer Nutzen betrieblicher Gesundheitsförderung und Prävention Zusammenstellung der wissenschaftlichen Evidenz. Zugriff am 24. März 2019 unter http://bgm-eup.de/wp-content/uploads/2012/11/IGA-Report3.pdf

Sackmann, S. (2006). Betriebsvergleich Unternehmenskultur. Welche kulturellen Faktoren beeinflussen den Unternehmenserfolg?. Zugriff am 20. März 2019 unter https://www.dgfp.de/hr-wiki/Betriebsvergleich_Unternehmenskultur_-_Welche_kulturellen_Faktoren_beeinflussen_den_Unternehmenserfolg_.pdf

Pieper, C. & Schröer, S. (2015). Wirksamkeit und Nutzen betrieblicher Prävention. Wirksamkeit und Nutzen betrieblicher Gesundheitsförderung und Prävention – Zusammenstellung der wissenschaftlichen Evidenz 2006 bis 2012. Zugriff am 24. März 2019 unter https://www.iga-info.de/fileadmin/redakteur/Veroeffentlichungen/iga_Reporte/Dokumente/iga-Report_28_Wirksamkeit_Nutzen_betrieblicher_Praevention.pdf

Abbildungsverzeichnis
Abb. 1: Maßnahmen 2 (Slesina 2001, S. 18) – Seite 4.

Abb. 2: Maßnahmen 2 (Slesina 2001, S. 19) – Seite 4.

Abb. 3: Ertrag-Aufwand-Verhältnis (Gloede 2011, S. 235) – Seite 7.

BEI GRIN MACHT SICH IHR WISSEN BEZAHLT

- Wir veröffentlichen Ihre Hausarbeit, Bachelor- und Masterarbeit

- Ihr eigenes eBook und Buch - weltweit in allen wichtigen Shops

- Verdienen Sie an jedem Verkauf

Jetzt bei www.GRIN.com hochladen und kostenlos publizieren